技能托举强国梦

——7·15“技能成才　技能报国”知识手册

《技能托举强国梦》编写组　编

中国劳动社会保障出版社

图书在版编目（CIP）数据

技能托举强国梦/《技能托举强国梦》编写组编. —北京：中国劳动社会保障出版社，2017

ISBN 978-7-5167-3162-8

Ⅰ. ①技… Ⅱ. ①技… Ⅲ. ①技术人才-人才成长-研究-中国 Ⅳ. ①G316

中国版本图书馆 CIP 数据核字（2017）第 148125 号

中国劳动社会保障出版社出版发行

（北京市惠新东街 1 号 邮政编码：100029）

*

中青印刷厂印刷装订 新华书店经销

880 毫米×1230 毫米 32 开本 1.25 印张 25 千字

2017 年 7 月第 1 版 2017 年 7 月第 1 次印刷

定价：8.00 元

读者服务部电话：（010）64929211/64921644/84626437

营销部电话：（010）64961894

出版社网址：http://www.class.com.cn

版权专有 侵权必究

如有印装差错，请与本社联系调换：（010）50948191

我社将与版权执法机关配合，大力打击盗印、销售和使用盗版图书活动，敬请广大读者协助举报，经查实将给予举报者奖励。

举报电话：（010）64954652

中国与世界青年技能日

2014 年 12 月 18 日，第 69 届联合国大会通过决议，将每年的 7 月 15 日定为世界青年技能日（World Youth Skills Day）。设立世界青年技能日，其目标是探讨技术、职业教育与培训以及其他的相关技能的发展，对于各国乃至全球经济发展的重要性，通过提升技能解决青年中大量存在的失业和就业不足问题，为他们创造更好的就业和经济条件。决议还邀请各会员国、联合国系统各组织和其他国际和区域组织，以及青年组织等民间社团，根据国家优先事项，以适当方式，包括通过教育、宣传、支援服务和提高公众认识等活动，纪念世界青年技能日。

2015 年 7 月 15 日，是首个世界青年技能日，时任联合国秘书长潘基文在致辞中指出：

> 现阶段，全球仍有约 7500 万青少年辍学，他们被剥夺了理应获得的受优质教育的机会，更无法掌握所需的技能。如果拥有适当技能，这些年轻人恰恰就是推动社会进步并建立更具包容性和更有活力社会的力量。在庆祝世界青年技能日之际，我呼吁国际社会突出宣传并帮助青年人提升其自身能力。

2016 年 7 月，中国开展了“世界青年技能日”宣传活动。李克强总理对举办世界青年技能日活动做出重要批示，批示指出：

> 青年是国家的宝贵财富，是推动经济社会发展的中坚力量。青年兴则民族兴，青年强则国家竞争力强。青年应成为实施创新驱动发展战略、推动大众创业万众创新的主力军。举办“世界青年技能日”活动，就是要营造尊重劳动、崇尚技能的社会氛围，引导广大青年大力弘扬工匠精神，走上技能成才之路。各地区、各部门多措并举，创造良好环境，培养造就数量充足、结构合理、素质优良、技艺精湛的青年技能人才队伍，促进就业结构优化，推动中国制造实现转型升级、中国经济发展跃上中高端。

2016 年中国开展“世界青年技能日”宣传活动：

宣传工匠精神

弘扬“劳动光荣、技能宝贵、创造伟大”的时代风尚，着力宣传工匠精神的背景和意义，工匠精神的现实作用和内涵，工匠精神的代表人物，培育工匠精神的有效成果。

宣传政策措施

党和国家关于实施创新驱动发展战略，实施“中国制造2025”，构建劳动者终身职业培训体系的要求，国家和地方在创新技能人才培养培训、评价使用、竞赛选拔、表彰激励等方面的政策措施。

宣传先进典型

在世界技能大赛等技能竞赛中获奖以及受到各级党委政府表彰的优秀青年技能人才的成长经历、突出成绩、先进事迹等，历届中华技能大奖、全国技术能手的先进事迹。

宣传技工教育

国家大力发展职业教育特别是技工教育的政策措施，技工院校发展状况和办学特色，技工院校优秀毕业生技能成才的经验做法等。

宣传技能大赛

我国加入世界技能组织、参加世界技能大赛的重要意义和作用，全力备战第 44 届世界技能大赛的情况和中国技能大赛各项目进展情况。

2016 年 7·15 世界青年技能日宣传品

中国与世界技能组织

世界技能组织（Worldskills International，WSI）成立于1950年，前身是“国际职业技能训练组织”（IVTO），后更名为世界技能组织，该组织为非政府国际组织，注册地在荷兰海牙，截至2017年3月，共有77个会员国家和地区成员。其宗旨是，提升公众对技能人才的认可，展示技能在实现经济发展和个人成功中的重要性。目前，世界技能组织主要在技能促进、教育培训、职业构建、国际合作、技能竞赛和理论研究六大领域开展工作。

2010年10月7日，世界技能组织大会表决通过中国正式加入世界技能组织，成为其第53个会员。中国加入世界技能组织，有利于我国学习借鉴世界各国促进技能培训和开展技能竞赛的经验，推动国内职业技能竞赛活动的开展，营造学习技能人才、尊重技能人才、争当技能人才的良好社会氛围。

中国与世界技能大赛

世界技能大赛（Worldskills Competition, WSC）是最高层级的世界性职业技能赛事，被誉为“世界技能奥林匹克”。其竞技水平代表了各领域职业技能发展的先进水平。世界技能大赛是青年人展示技能的舞台，旨在促进青年技能劳动者技能的提升，促进世界各国家和地区在职业技能领域的合作与交流，促进职业技能的推广。

世界技能大赛由世界技能组织举办，截止到 2015 年，已成功举办 43 届。世界技能大赛共设置运输与物流、结构与建筑技术、制造与工程技术、信息与通信技术、创意艺术与时尚、社会与个人服务六大类 50 个左右比赛项目。

中国连续参加了第 41 届、42 届、43 届世界技能大赛，累计取得了 5 金、8 银、7 铜、29 个优胜奖的优异成绩。

年份	届次	地点	参赛项目数	成绩			
				金牌	银牌	铜牌	优胜奖
2011	41 届	英国伦敦	6	—	1	—	5
2013	42 届	德国莱比锡	22	—	1	3	13
2015	43 届	巴西圣保罗	29	5	6	4	11

2016 年 10 月，中国宣布申办 2021 年第 46 届世界技能大赛，并推出上海作为承办城市。中国申办第 46 届世界技能大赛意义重大：

一是有利于提高技能人才培养水平。世界技能大赛的竞赛理念、技术标准、比赛规则、工作流程和组织方式代表了当今世界职业技能领域的最高水平。世界技能大赛的技术标准来源于企业，并随着产业发展、技术进步不断调整完善，不断转化为职业教育培训和技能人才培养标准，进而为企业生产和服务培养合格的技能人才。所以，世界技能大赛与企业生产实践人才培养紧密相连。此外，积极参与世界技能大赛，可以加强我国与世界各国在技能人才培养领域的交流合作，推动我国技能人才工作与国际接轨，提高技能人才培养水平。

二是有利于大力弘扬工匠精神。习近平总书记于 2016 年 4 月在知识分子、劳动模范、青年代表座谈会上指出，“在工厂车间，就要弘扬‘工匠精神’，精心打磨每一个零部件，生产优质的产品”。李克强总理连续两次在政府工作报告中提出要培育和弘扬工匠精神，这些都引起社会热议。工匠精神对于推动我国经济转型升级、提升中国质量、打造“中国品牌”、营造良好社会氛围都有重要的作用。如果中国能成功申办世界技能大赛，保守估计全国届时将有数十万人到赛场实地观摩，国内外将有大量媒体对赛场场景、参赛选手、获奖情况等进行深度报道，我国参赛选手摘金夺银、技能成才的故事也将被广泛传播，这对提升技能人才的职业荣誉感，引导全社会崇尚工匠精神，厚植工匠文化，营造尊重劳动、崇尚技能的社会氛围将起到重要的推动作用。

三是有利于推进制造强国建设。2015 年，我国制定了“中国制造 2025”战略，明确提出力争通过“三步走”实现制造强国的战略目标。实现这一目标，人才是根本，技能人才更是重要的基础。举办世界技能大赛，能够带动广大高技能人才瞄准国际先进水平，潜心钻研技术，不断提高我国技能人才素质和能力，形成支撑中国制造、中国创造的高素质技能人才队伍，为大力发展先进制造业、推动中国制造水平迈上中高端提供坚强保障。

四是有利于展示我国国家形象，促进职业技能推广。申办世界技能大赛，对在世界人口最多的国家推广职业技能，扩大世界技能组织和技能运动的影响力，都将产生不可估量的作用，此举对中国和世界技能组织将构成合作共赢的格局。特别是 2021 年是中国共产党建党 100 周年，也是我国实现全面建成小康社会奋斗目标后的第一年。届时举办世界技能大赛，将成为我国向世界展示改革发展成就的重要窗口，全面展示我国技能人才队伍建设的成果，展示中国制造和中国服务的水平，进一步提升我国的国际形象。

申办口号定为“新青年、新技能、新梦想”（New Youth, New Skills, New Dreams）。该口号符合世界技能组织关注青年人群、倡导“用技能的力量让世界更美好”的核心理念，也契合了当前弘扬“工匠精神”、实现“中国梦”的现实要求。其主题演绎如下：

新青年：青年最富有朝气、最富有梦想。新时期对技能青年提出了新要求，新青年要“大力弘扬工匠精神，厚植工匠文化，恪尽职业操守，崇尚精益求精”。

新技能：经济发展、产业升级和技术进步赋予职业技能新内涵、新要求。从经验型、操作型的传统技能，向知识型、复合型的新技能转变。

新梦想：对个人而言，通过技能提升就业，实现美好生活的梦想；对国家而言，通过促进职业技能发展带动经济发展，消除贫困，实现人类命运共同体的共同梦想。

劳动者提高劳动技能的途径

中国基本形成了以企业行业为主体、技工院校等职业院校为基础、学校教育与企业培养紧密联系、政府推动与社会支持相互结合的高技能人才培养体系。在政府部门的引导下，一些大中型企业逐步建立健全职工培训制度，积极开展企业技能人才培养培训。目前，全国技工院校 2500 余所、就业训练中心 2700 余所、民办职业培训机构近 2 万所，已建成 476 个国家级高技能人才培训基地和 594 个国家级技能大师工作室，许多城市还建设了一批公共实训中心和省（市）级高技能人才培训基地和技能大师工作室，为各类劳动者提高技能水平创造了便利的条件。

2010 年，国务院印发《关于加强职业培训促进就业的意见》，明确提出建立健全面向全体劳动者的职业培训制度，对广大劳动者大规模开展就业技能培训、岗位技能提升培训和创业培训，“十二五”期间力争使新进入人力资源市场的劳动者都有机会接受相应的职业培训，使企业技能岗位的职工得到至少一次技能提升培训，使每个有培训愿望的创业者都参加一次创业培训。符合有关条件的贫困家庭子女、毕业年度高校毕业生、城乡未继续升学的应届初高中毕业生、农村转移就业劳动者、城镇登记失业人员，以及符合条件的企业在职职工可以享受职业培训补贴。

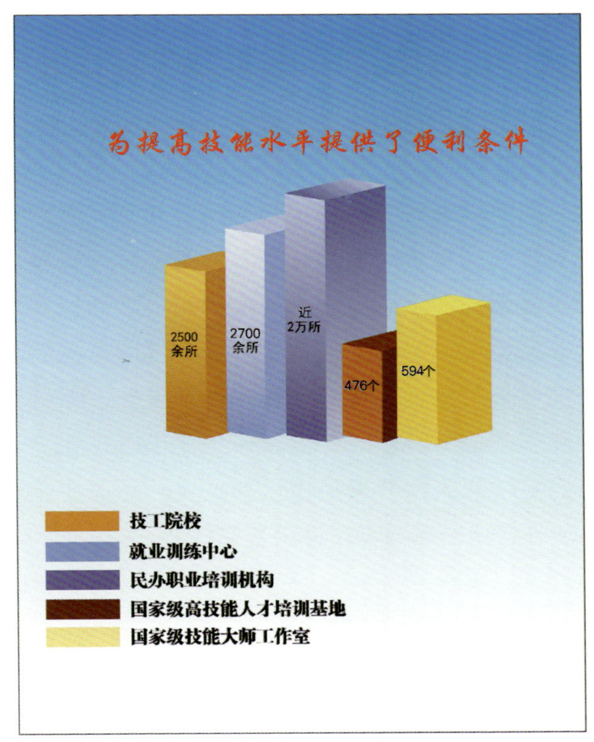

初高中毕业生可就读技工院校提升职业技能和从业素质，掌握中级以上职业技能。公办技工院校全日制正式学籍一、二、三年级在校生中所有农村（含县镇）学生、城市涉农专业学生和家庭经济困难学生免除学费，全日制正式学籍一、二年级在校涉农专业学生和非涉农专业家庭经济困难学生，每年可以得到 2000 元助学金。

准备就业的劳动者可参加就业技能培训提升技能水平。其中，农村转移就业劳动者和城镇登记失业人员，可以通过参加就业技能培训，掌握就业的一技之长；城乡未继续升学的应届初高中毕业生等新成长劳动力，可参加劳动预备制培训，提升技能水平和就业能力；退役士兵等参加职业技能培训，按规定给予培训费补贴和职业技能鉴定补贴。

已就业的劳动者可参加岗位技能提升培训，其中，广大职工可通过参加在岗培训、脱产培训、业务研修、岗位练兵、技能竞赛等，提高技能水平；企业新录用人员和新转岗职工，可以参加企业新型学徒制培训；具备有关条件的企业职工可以参加技师、高级技师培训，学习新技术、新工艺、新知识，提升岗位技能和创新能力。企业可以建设技能大师工作室，由符合有关条件的高技能人才开展关键工艺攻关、技能研修和创新以及技能传承等活动，培养青年技术骨干。

技能人才的发展前景

“没有一流的技工就没有一流的产品”“作为一个制造业大国，我们的人才基础应该是技工”“工业强国都是技师技工的大国，我们要有很强的技术工人队伍”。技能人才不是“下里巴人”，以技能立身更不会低人一等。2015 年，中国青年技能人才奋勇拼搏，展现出精湛的技能，受到世界的瞩目。当五星红旗一次次高高飘扬在第 43 届世界技能大赛的赛场上时，祖国和人民为之自豪。2016 年全国“两会”期间，“工匠精神”的字样首次出现在政府工作报告中，令人深感唯有大量技艺精湛的技能人才涌现，中国才能真正从“制造大国”迈向“制造强国”。

毋庸讳言，我国技能人才队伍建设总体水平，与世界先进水平相比还有较大差距，与我国经济社会发展需要相比还有很多不适应的地方。从总量和结构看，截至 2015 年年底，全国技能劳动者达 1.65 亿人，但技能劳动者仅占就业人员的 21.3%，高技能人才仅占技能劳动者的 27.3%，总量严重不足，人才断档现象严重。从市场供需来看，技能劳动者特别是高技能人才供不应求的现象十分突出。

在全面建成小康社会的决胜阶段，我们比历史上任何时候都更需要一支拥有现代科技知识和创新能力的高素质技能人才队伍。各级党委和政府、各有关部门致力于构建劳动者终身职

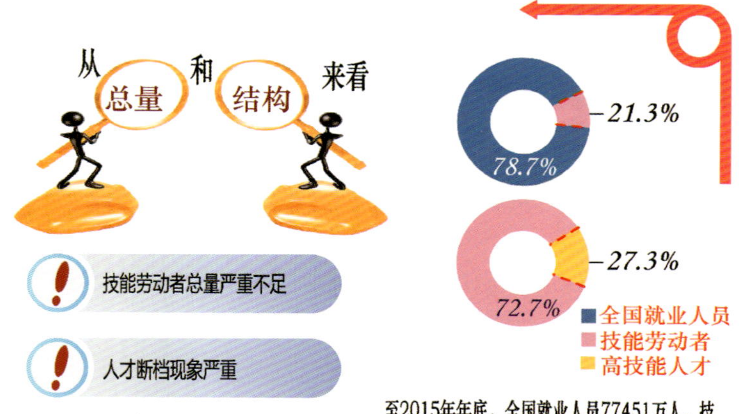

业培训体系，加强技能人才队伍建设，加大培养、选拔、评价、竞赛、表彰、宣传等工作力度。正在实施的创新驱动发展战略、制造强国战略，为技能人才建功立业提供广阔舞台。各地积极营造人人皆可成才、人人尽展其才的良好环境，“劳动光荣、技能宝贵、创造伟大”正成为时代风尚。

技能人才已经迎来蓬勃发展的春天。《中共中央关于制定国民经济和社会发展第十三个五年规划的建议》提出：“提高技术工人待遇，完善职称评定制度，推广专业技术职称、技能等级等同大城市落户挂钩做法。”下一步，我国将继续完善收入分配政策，使有技术的劳动者可以得到更多报酬，使广大拥有一技之长的“蓝领”工人成为我国中产阶层的主体。同时，表彰更多高技能人才，提高奖励标准，增加高技能人才享受国务院政府特殊津贴人数。此外，还将出台相关办法，使高技能人才在聘任、工资、带薪学习、培训、出国进修、退休、休假、体检等方面享受与工程技术人员同等待遇。

技能人才的评价体系

目前我国技能人才的评价体系逐渐完善。1993 年，党的十四届三中全会通过的《中共中央关于建立社会主义市场经济体制若干问题的决定》提出，实行学历文凭和职业资格两种证书制度。自此，我国开始建立职业资格证书制度，逐步形成初级、中级、高级和技师、高级技师五个等级的国家职业技能资格体系，不断完善技能人才多元评价体系。截至 2016 年底，全国累计 2.3 亿人次参加职业技能鉴定，共有 1.9 亿人次取得职业资格证书。职业资格证书制度已成为人才评价的重要方式，在促进技能人才培养、选拔、使用、激励和保障等方面发挥了引领带动作用。

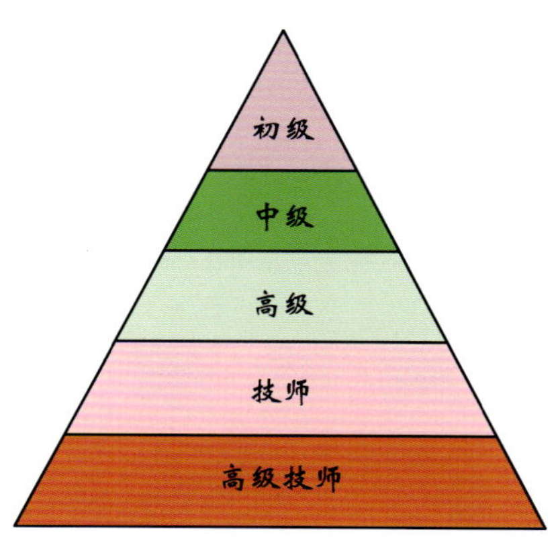

2013 年以来，为规范职业分类、职业资格鉴定和职业资格证书制度，减少上述领域存在的多乱滥现象对就业及职业技

能发展工作的负面影响，人力资源和社会保障部与有关部门积极配合，集中开展了职业资格许可认定事项的清理整顿工作。共分七个批次累计取消了 434 项职业资格许可认定事项，其中 154 项属于专业技术人员职业资格许可认定事项，280 项属于技能人员职业资格认定事项。

人力资源和社会保障部研究建立了职业资格目录清单管理制度，研究制定了国家职业资格目录清单，还组织开展职业资格清理整顿专项督查，对已取消和尚在组织实施的各类职业资格情况进行督促检查。职业资格许可认定事项的清理精简，使职业资格鉴定发证工作进一步规范化、有序化，提高了国家职业资格证书的权威性，对就业和职业技能发展工作起到了推进作用。

人力资源和社会保障部于 2015 年组织完成了《中华人民共和国职业分类大典》的修订工作，使职业资格许可认定工作基础更加牢固，改革不断推进。

中国职业技能竞赛体系

职业技能竞赛是培养和选拔高技能人才的重要形式，是竞争择优、促进优秀技能人才脱颖而出的重要途径。目前逐步形成了以企业岗位练兵为基础、以国内竞赛为主体、以世界技能大赛为龙头、国内竞赛与国际竞赛相衔接的职业技能竞赛体系，全面推动国内国际职业技能竞赛协调发展。

中国职业技能竞赛始于20世纪50年代，具有广泛的群众基础。我国职业技能竞赛活动实行分级分类管理。竞赛活动分为国家级职业技能竞赛和省级职业技能竞赛。国家级职业技能竞赛又分为两类：跨行业、跨地区的竞赛活动为国家级一类竞赛；单一行业的竞赛活动为国家级二类竞赛（由各行业相关机构会同人力资源和社会保障部相关部门共同组织）。从2004年开始，人力资源和社会保障部将全国各级各类竞赛活动进行整合，组织开展“全国职业技能竞赛系列活动”，到2014年，纳入人力资源和社会保障部计划并由各行业、企业举办的各类职业技能竞赛全部冠以“中国技能大赛”的称谓，进一步完善了职业技能竞赛制度。每年参加竞赛的企业职工和院校学生超过1000万人次，涉及上百个职业（工种）。

2010年中国加入世界技能组织，截至目前参加了3次世界技能大赛。2014年，我国首次将世界技能大赛全国选拔赛确定为国家级一类大赛，由人力资源和社会保障部主办。在备战世界技能大赛期间，中国多次派代表团赴欧洲、亚洲和大洋洲等地参加国际交流比赛。各地方及项目集训基地也采取“请进来，走出去”的方式，与其他国家和地区的优秀选手切磋技艺，与专家教练交流经验。

技能人才的激励机制

以政府表彰奖励为导向，用人单位和社会力量奖励为主体的表彰奖励体系基本确立。《国务院办公厅转发 < 人力资源社会保障部 财政部 国资委关于加强企业技能人才队伍建设意见的通知 >》（国办发〔2012〕34 号）明确提出了健全企业技能人才激励机制的政策措施，这些措施包括：推动企业开展技能竞赛活动；完善企业技能人才收入政策，对聘用的高技能人才可实行协议工资、项目工资、年薪制等收入分配方式，引导工资分配向技能人才倾斜；开展企业技能人才表彰奖励工作。上述表彰奖励培训活动，有力地弘扬了“工匠精神”和技能光荣的理念，激励更多年轻人选择技能发展道路。

自 1995 年起，已开展 13 次全国高技能人才评选表彰活动，评选出 230 名中华技能大奖获得者、2698 名全国技术能手。2008 年以来，2250 名高技能人才享受国务院政府特殊津贴。各地每年举办省级技能赛事和技术能手评选活动并公开表彰。对参加世界技能大赛和其他国际技能赛事并获奖的选手，国家给予丰厚奖励和表彰。人力资源和社会保障部开展劳动出版“技能雏鹰”奖学金评选活动，激励技工院校学生更好地学技术，组织高技能人才出国考察，开展亚太经合组织青年技能夏令营，举办数控专业 APEC 师资培训班活动，开阔眼界，提高工作能力。通过开展“技能中国”等主题宣传活动，宣传优秀高技能人才典型事迹，努力营造“劳动光荣、技能宝贵、创造伟大”的良好氛围。

2014—2015 年度技能雏鹰奖学金发放仪式

第 43 届世界技能大赛金牌获得者接受表彰奖励

技工院校的办学特色及人才培养优势

技工院校以培养生产和服务一线的技术工人为目标，是我国培养技术工人的主阵地。“十二五”期间，全国技工院校总体规模稳定，政策环境优化，投入力度不断加大，办学质量明显提高，社会影响逐步扩大，形成了鲜明的办学特色，体现出了特有的人才培养优势，在服务经济社会发展大局中发挥了重要作用。

一是坚持就业导向，办学目标明确。技工学校坚持以促进就业为导向，以服务经济发展为根本，以提高学生综合职业能力和职业素养为目标，紧紧围绕经济建设和企业生产实际要求，为生产、服务等产业一线培养和输送中、高级技能人才。

二是坚持校企合作，办学模式先进。技工院校坚持把校企合作作为办学基本制度，在招工招生、专业建设、课程改革、师资培养、职业培训、生产实训、学校管理、质量评价等方面与企业深度合作，建立具有市场机制特点的长效合作机制。

三是适应市场需求，突出专业特色。人力资源和社会保障部门将管就业与管技校有机结合，及时将就业需求传导到技工院校，通过高端带动和典型引路，把加强专业建设作为立校之本，指导技工院校根据市场需求设置专业，并与时俱进有针对性地调整完善，形成了适应需求、特色鲜明的专业体系，引领技工教育的发展方向。

四是坚持工学一体，深化教学改革。打破传统的学科式教学方式，依据职业标准和岗位规范开发技能人才培养标准，推进工学一体化课程教学改革。即以典型工作任务为载体，根据工作过程设计课程体系，将相关理论知识学习和技能训练有机结合，实现“在工作中学习、在学习中工作”，使学生学完一门课，就可以掌握一项工作技能，毕业后能够在最短的时间内胜任工作岗位需要。

五是坚持多元办学，开展职业培训。技工院校坚持两条腿走路，由注重学制教育向学制教育与职业培训并重转变，积极面向企业职工、农村转移就业劳动者、失业人员、未就业高校毕业生、退役士兵等群体开展大规模职业培训，形成广覆盖、多层次、多形式、多类型的技能人才培养格局，成为融职业教育、职业培训、实习实训、技师研修、技能竞赛、人才评价等多功能为一体的技能人才综合培养基地。

六是注重职业素养，突出德技双馨。技工院校坚持育人为本、德育为先，把立德树人作为根本任务，把社会主义核心价值观和工匠精神融入人才培养全过程。重视加强思想品德、社会公德和职业道德教育，着力培养学生的诚信品质、职业精神和职业素养，培养德技双馨、身心双健的技能人才和高素质劳动者。

2016年技工教育事业的新进展

截至2016年年底，全国共有技工院校2526所，在校生超323.2万人。2016年，技工院校招生127.2万人，其中招收农村籍学生98.6万人，占招生总数的77.5%；毕业生93.1万人，90.9万人实现就业，就业率为97.6%；全年开展社会培训451.6万人次，为促进就业和经济社会发展提供了强有力的技能人才支撑。

办学水平稳步提高。学校规模总体稳定，学生规模止跌回升。全国技工院校招生近5年来首次回升，达到127.2万人，比上年增长4.8%；在校生规模达到323.2万人，比上年增长0.5%。全国技工院校毕业生就业率连续5年保持在97%以上，始终保持在较高水平，是就业率最高的一类院校。

高端引领作用凸显。高级工以上学制教育规模扩大。2016年高级工以上在校生达117.8万人，占在校生总数的36.5%，比2015年增加7.7万人。社会培训中高级工及以上职业资格取证人数增加。2016年，高级及以上职业资格取证人数达43.3万人，占总培训人数的19.9%，比2015年增加2.3万人。

校企合作深入推进。技工院校与企业广泛开展校企合作，北京、广东、江苏等地开展学制教育培养技师试点，面向企业职工开展技师和高级技师培训，技工院校高技能人才培养规模和质量逐年稳步提升。

职业技能开发对就业创业的促进作用

一是劳动者的职业素质显著提升。参加职业技能鉴定考核和取得职业资格证书的人数逐年增加。参加鉴定考核人数从2010 年的 1 658 多万人增加到 2015 年的 1 894 多万人；获取证书的人数也从 1 393 多万人增加到 1 539 多万人。获取证书人员占参加鉴定考核人员的比例保持在 80% 以上，对劳动者素质的提高起到了积极的作用。另外，高级工、技师和高级技师职业技能鉴定人数和取证人数呈逐年增长趋势，从 2010 年248.57 万人，增加到 2014 年 374.1 万人。

二是结构性就业矛盾得以缓解。近年来，中国处于产业结构快速升级和调整的时期，随着产业的升级和生产技术的变化，新兴行业和职业不断涌现。2010—2016 年，市场对具有技术等级和专业技术职称劳动者的需求均大于供给。但随着中国职业技能开发工作的大力推进，技师、高级技师和高级工程师等岗位的岗位空缺和求职人数之比整体呈下降趋势，结构性就业矛盾有所缓解。

三是促进就业创业效果明显。在技工教育方面，2010—2015 年间，技工院校每年招生人数都在 120 万以上，毕业生就业率保持在 97% 以上。在职业培训方面，仅 2016 年全国共组织各类职业培训 1 775 万人次，其中：就业技能培训 959 万人次，岗位技能提升培训 551 万人次，创业培训 230 万人次，其他培

训 35 万人次。在针对重点群体的职业培训方面，2010—2015 年，累计开展培训 11 961 万人次，其中，农村劳动力转移培训 5959.4 万人次，城镇登记失业人员培训 2 271 万人次，创业培训 1 091.2 万人次。扎实的职业培训工作，也带来了重点群体就业人数的增长。2010 年以来，城镇新增就业、城镇失业人员再就业以及就业困难人员就业数量总体呈增长趋势。如城镇新增就业从 2010 年的 1168 万人增长到 2015 年的 1312 万人；失业人员再就业也增加到 567 万人。

作者：广州市工贸技师学院 吴锐

职业技能开发对经济发展的促进作用

一是助力精准扶贫。中国一直致力于通过教育培训来提升人力资本质量，进而提升贫困人口的生活水平，促进社会和谐发展。技工院校农村户籍在校生数量就占全部在校生的77%以上，2016年达到249.2万人，农村贫困人口获得了尽快融入工作及取得较高收入的技术和知识，这为受教育者个人及其家庭成员带来摆脱贫困的信心。

二是为经济发展提供了大量的技能人才。在中国经济社会发展的不同阶段，为适应经济社会发展对技能人才的需求，采取了针对性的职业技能开发政策和项目。新中国成立初期，举办了各种转业训练班解决400多万失业人员就业问题。大规模经济建设时期，面对产业部门大规模招聘技术工人的需求，通过大力发展职业教育、技工教育和学徒培训培养技术工人；建立工人考核制度，通过八级工资制度和八级技能等级制度开展对技术工人的培养和激励。改革开放后，随着社会主义市场经济体制的建立，中国逐步建立起了根据劳动力市场需求开发劳动者职业技能的机制，初步形成了包括职业分类、职业需求预测、职业技能标准制定、职业培训、职业技能鉴定、职业指导、职业技能竞赛等内容的职业技能开发工作体系。20世纪末，受国有企业改革影响出现大量工人下岗失业，原劳动保障部于1998—2000年、2001—2003年，相继组织了两期“‘三年千万'再就业培训计划"，加强职业指导和技能培训，为国有企业改革的顺利进行和经济发展焕发新的活力做出了巨大的贡献。另外，随着经济的发展和城镇化的推进，大批农村劳动力进城务工。2005年，原劳动保障部全面启动"'5+1'计划行动"，包括新技师培养带动计划、城镇技能再就业计划、能力促进就业计划、农村劳动力技能就业计划、国家技能资格导航计划5项计划和技能岗位对接行动。同时，也开始实施国家高技能人才培训工程以及东部培训工程，增强职业技能开发的基础能力，大力培养高素质的技能劳动者。近年来，产业结构的调整和经济的转型升级对职业技能开发工作提出新的、更高的要求。国家相继出台高技能人才队伍建设中长期规划、高技能人才振兴计划、加强企业技能人才队伍建设的意见等政策措施；大力实施高校毕业生技能就业行动、农民工职业技能提升"春潮行动"、企业新型学徒制试点；同时，大力发展技工院校，推进工学一体化教学改革，深化校企合作，不断提升教学和培训质量。

三是推动了中国经济的转型升级。当前，中国经济结构发生了深刻变化，第三产业比例已超过第二产业，低端、传统制造业呈下降趋势，而高技术产业和现代装备制造业增速加快，电子商务等新产业、新业态、新产品纷纷涌现。人力资源和社会保障部紧跟产业发展需求，提出一批技工院校新增专业和专业方向。在36个新增专业中，以工业机器人、3D打印技术等为代表的二产专业为主，同时兼顾旅游服务与管理、酒店管理、网络营销等三产专业。另外，在当前产业结构调整升级的大背景下，化解过剩产能以及产业转型带来的就业转型迫切要求增强劳动者的工作能力和职业转换能力。人力资源和社会保障部提出从 2016 年至 2020 年，组织化解过剩产能中企业失业人员和转岗职工参加培训，力争使有培训愿望和需求的企业失业人员和转岗职工都能接受一次相应的政府补贴性职业培训，不断提高他们适应现有岗位和适应新职业的工作能力，从而为产业结构调整和转型升级创造条件。

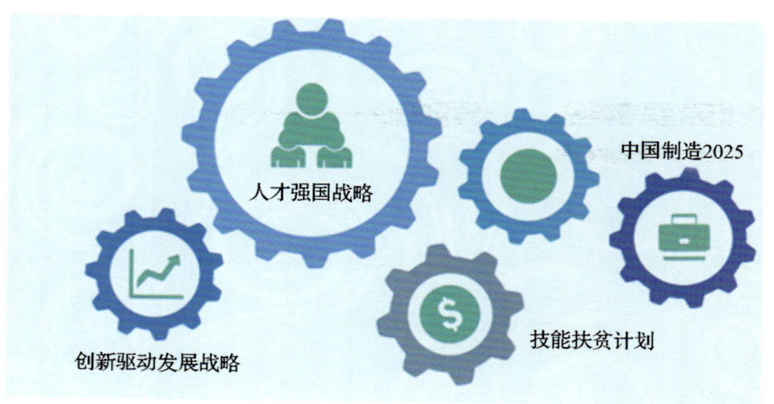

我国青年技能开发国家战略

工匠精神

工匠，是指有手艺专长的人。工匠精神是指执着专注、精益求精、创新进取的精神。

执着专注是优秀工匠的必备品质。执着就是长久地，甚至用一生来从事自己所认定的事业，无怨无悔，永不言弃；专注就是把精力全部凝聚到自己认定的目标上，一心一意走好自己的路，不达目的誓不罢休。优秀工匠都是有大智慧的人，他们知道自己应该追求什么、舍弃什么；优秀工匠都是有毅力的人，他们知道如何才能坚守自己的理想而不会功亏一篑；优秀工匠也都是有信念的人，他们知道只有锲而不舍、专心致志、淡泊宁静，才能在平凡的工作中锤炼自己的才干，施展自己的抱负，实现自己的价值。

精益求精作为一个古老的成语，意思是已经把事情做得非常出色了，但还要追求更加完美。作为一种精神，精益求精是优秀的工匠们共同具有的思想特质和从业准则，那就是“要做就要做最好”。他们以严谨的工作态度、纯粹的专业眼光严苛地审视自己的工作，酝酿最完善的工艺流程和技术关键，不允许有任何疏漏；他们一板一眼、一丝不苟地做事，杜绝任何投机取巧的行为，甚至将捷径看作是最大的“弯路”，把“敷衍”看作是对自己的犯罪；他们在精、细、实上下足功夫，不允许自己的产品有任何瑕疵；他们用心工作，在每个微末细节上都精雕细琢，直到穷尽自己的心智；他们追求极致，力求让手中所出的每一件作品都是精品乃至极品，并融入自己的独特技艺和精神气质。

杰出的工匠永远不会停步不前，他们总是不断地创新进步。创新就是利用自己已有的知识、技能和相应的物质条件，在特定的环境中，对原来的技术和事物进行改进或创造，从而获得比过去更好的技术或事物。从语义上说，进取是指不满足于现状，力图在现有的基础上不断地有所作为。而进取心就是一种坚持不懈地追求新目标的蓬勃向上的心理状态。杰出的工匠不会满足于已有的技艺，他们善于在工作实践中不断学习、探索，努力提升自己的知识和技能水平；他们敢于质疑现状、尝试新知、突破自己，在竞争中为自己赢得更大、更为广阔的发展空间；他们不断地为自己设定更高的工作目标，要求自己有更加出色的工作成绩；他们敢于面对挑战，不怕失败，勇于担当，像登山家一样，永远向着更高更险的山峰攀登，在奋斗的过程中为自己也为人类社会书写辉煌的篇章。

在我国，工匠精神有着悠久的历史传承和文化积淀。被尊为中华民族始祖的黄帝，就是一位伟大的工匠，传说他发明了用泥土、石头建造房屋，发明了制作衣裳、舟车等。而另一位华夏始祖炎帝，传说他亲尝百草，发明了用草药治病；他垦荒种植，发明了刀耕火种；他还领导部落人民传承先祖技艺，制造出了更为实用的陶器和炊具。作为炎黄子孙，在后续的历史长河中，鲁班、欧冶子、蔡伦、毕昇、立春、黄道婆……无数杰出工匠用自己的创造性劳动，不但为我们留下了丰富的物质遗产，推动了我国古代文明发展的历史进程，更形成了我国工匠独具一格的“尚巧”“求精”的精神特质。

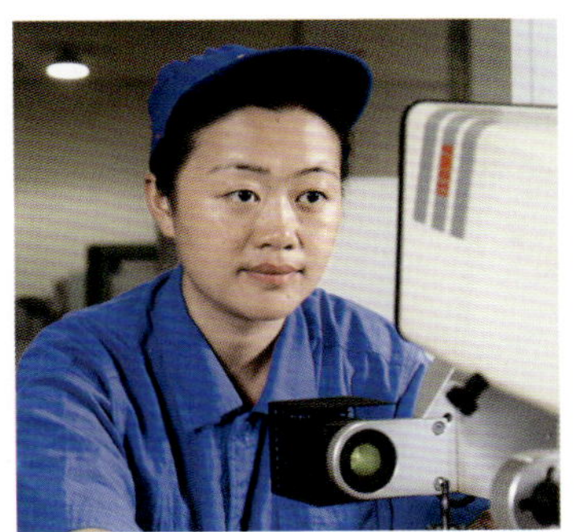